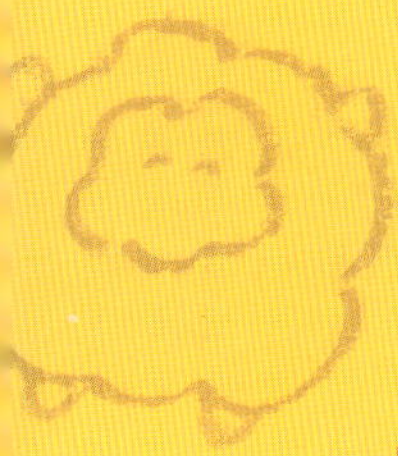

mokmokchan

hitsuji

hiyoko

donkankun
to
kataomoichan

inu

santa to tonakai

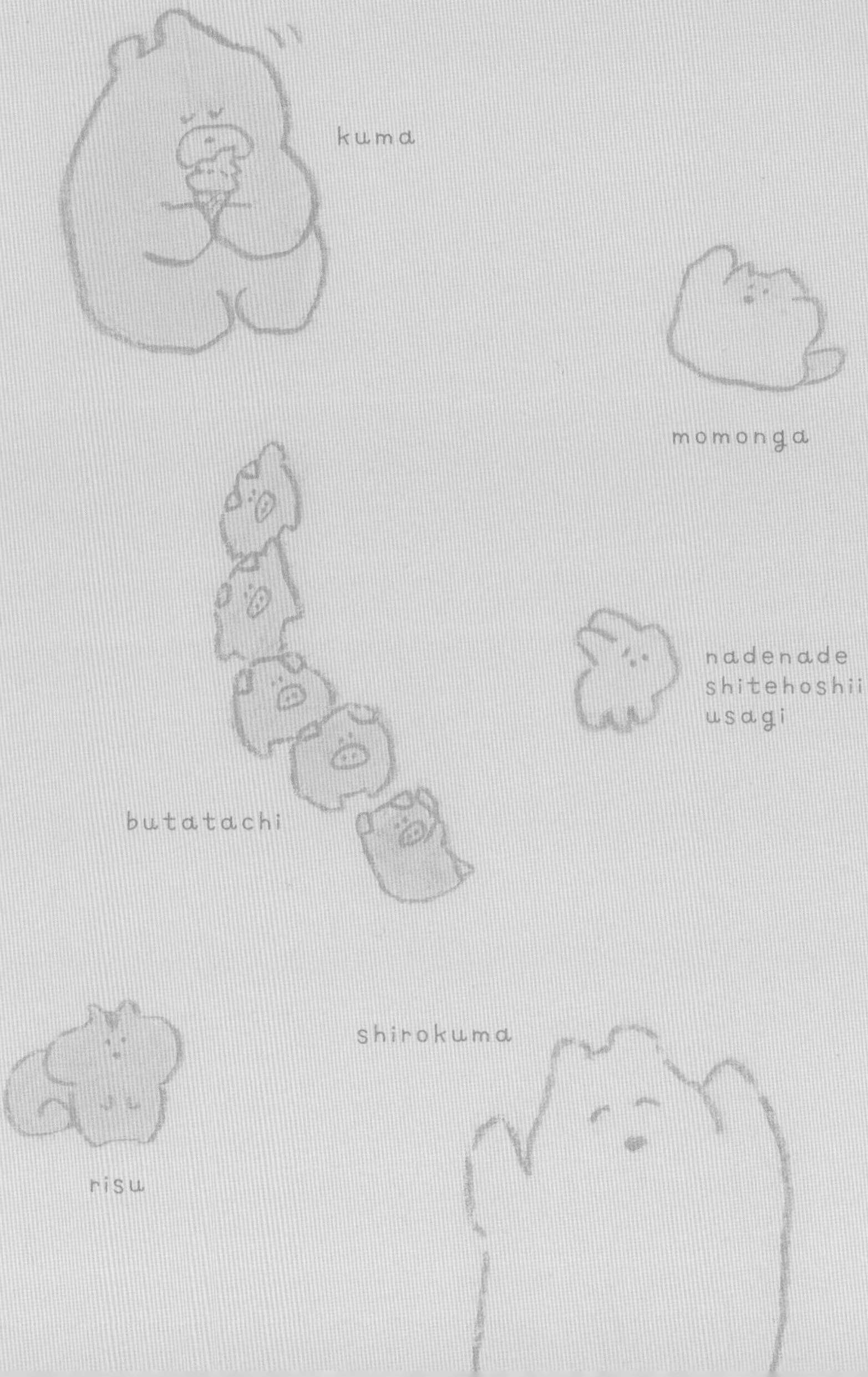
kuma
momonga
nadenade
shitehoshii
usagi
butatachi
shirokuma
risu

azarashi

優しい人には
優しい出来事が
ありますように。

もくもくちゃん

優しい人には優しい出来事がありますように。

そう願いたくなるほど、たくさんの優しい人たちが
今日もがんばっています。
悲しいことも、苦しいことも、
不安なときも、怒りたいときだってあるでしょう。
でも、あなたはあなたのままで大丈夫。
わたしがあなたに寄り添うから。

生き方や考え方、なにが幸せかなんて人それぞれ。
わたしの絵や言葉も、すべてが伝わらなくてもいいんです。
「こんな考え方もあるんだなあ」と。
「こんなこともあるかもしれないなあ」と。
あなたの笑顔の一部になれたら幸せです。

この本を開いてくださってありがとうございます。
出会えてよかった。

風にまかせて。なるようになるさ。
上がらなくても上がっても
未来輝く可能性なんて
幸せの形なんていくらでも。

contents

1
優しい世界

アイスの半分こが優しいシロクマ

話に花を咲かせてあげるアザラシ

モグラたたきのモグラを
助けたいシロクマ

言えずに溜まる気持ちを
吐き出させてあげるアザラシ

雪だるまにたくさんの景色を
見せてあげたくて
オープンカーに乗せてあげたシロクマ

ひとりで心細い人に気づかれていないけど
じつは寄り添っているハムスター

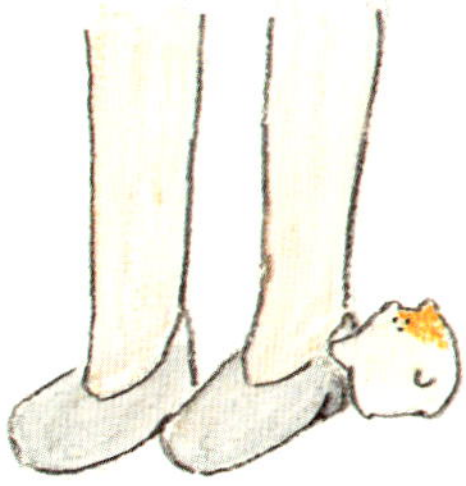

ぬいぐるみが痛くないように
優しく優しく運ぶUFOキャッチャー

織田信長の前で鳴けないホトトギスのところに
いつのまにか現れてかわりに鳴いてあげるアザラシ

新しい環境になれない新入社員のところへ
だいじょうぶーと言いにきたブタたち

生まれてはじめて
自分宛てにお手紙をもらったポスト

ハト時計のハトに
たまには休日をあげたいアザラシ

だれかが勇気を出せば

いろんな噂《うわさ》を聞いたとしても
実際会って話してみなくちゃ
ほんとうのことってわからないんですよね。

同じ目線で
話してあげたいシロクマたち

コイのぼりを自由にしてあげたシロクマと
空を自由に泳がせてあげるトリたち

お布団干してパンパンしようとしたけど
かわいそうになってぎゅーしたモモンガ

マッチ売りの少女の
客寄せパンダになってあげるパンダ

串に刺さっているおだんごたちが
痛そうだから助けたいシロクマ

バレーボールがかわいそうになって
試合を中断してしまったモモンガ

洗濯機で回るのがこわい子は
手洗いしてあげるシロクマ

優しい人には優しい出来事がありますように。

毎日お疲れな飛行機を
助けてあげたいトリたち

あまり話しかけないで……
と思っている人のところにいつのまにか現れて
かわりにお話ししていてくれるアザラシ

美容師さんと
お話ししていてくれるアザラシ

アパレル店員さんと
お話ししていてくれるアザラシ

雨の日しか知らない雨傘に
晴れの日をみせてあげるシロクマ

失恋を
忘れさせてくれようとするヤギ

優しいノラネコ

column

春

落ちるのをこわがる桜を
助けたいシロクマ

冬眠組を起こすお仕事

オフシーズンをたのしむ

2

ひとりじゃないよ

ひとりでかかえこまないこと

がんばった足跡は
きっとだれかがみてる

夜中までがんばる自動販売機に
お疲れさまを言いにきたアザラシ

ぼくの理解者

残業しているといつのまにか現れて
コーヒーを淹《い》れてくれるアザラシ

息抜きも大切と
教えてくれたトリ

集合写真撮影日に欠席した子の
となりにいつのまにか現れて
一緒に写真にうつってくれたアザラシ

だいじょうぶ
わたしもよ。

しんどい人には
逃げ道つくってあげようね。

心にぽっかりあいた穴を
埋めようとするトリ

優しい笑顔の練習をするライオンと
気持ちがわかるワニ

信じているから追いかけない。
信じているから振り向かない。

今日はきみのそばにいるか。

そばにイルカ？

あんぱんイルカ？

悔しさをバネにしてくれるアザラシ

幸せ運んできてくれる人
きっといるよ。

泣いているところを
みられたくないネコを
助けてくれるくも

ひとりぼっちのウサギ

雪だるまできた。ぼくの友だち

なにつくってるの

友だちできた

お手数ですが
切手を
お貼りください

郵便はがき

1 5 0 - 8 4 8 2

東京都渋谷区恵比寿4-4-9
えびす大黒ビル
ワニブックス 書籍編集部

お買い求めいただいた本のタイトル

本書をお買い上げいただきまして、誠にありがとうございます。
本アンケートにお答えいただけたら幸いです。
ご返信いただいた方の中から、
抽選で毎月5名様に図書カード(1000円分)をプレゼントします。

ご住所　〒

TEL(　　-　　-　　)

(ふりがな)
お名前

ご職業

年齢　　歳

性別　男・女

いただいたご感想を、新聞広告などに匿名で
使用してもよろしいですか?　(はい・いいえ)

※ご記入いただいた「個人情報」は、許可なく他の目的で使用することはありません。
※いただいたご感想は、一部内容を改変させていただく可能性があります。

●この本をどこでお知りになりましたか?(複数回答可)

1.書店で実物を見て　2.知人にすすめられて
3.テレビで観た(番組名:　　　　　)
4.ラジオで聴いた(番組名:　　　　　)
5.新聞・雑誌の書評や記事(紙・誌名:　　　　　)
6.インターネットで(具体的に:　　　　　)
7.新聞広告(　　　　新聞)　8.その他(　　　　　)

●購入された動機は何ですか?(複数回答可)

1.タイトルにひかれた　2.テーマに興味をもった
3.装丁・デザインにひかれた　4.広告や書評にひかれた
5.その他(　　　　　)

●この本で特に良かったページはありますか?

●最近気になる人や話題はありますか?

●この本についてのご意見・ご感想をお書きください。

以上となります。ご協力ありがとうございました。

なにが幸せかって
人の幸せを自分の幸せとしてくれる人が
周りにいることだよ

元気になってほしいから
日本語を一生懸命覚えるインコ

ぼくは きみの みかた

みんなの支えがあっての
今のわたし

はやく元気になろうとしなくていいからね。
いつでもいいよ
そばにいるから。

どこかで生きているならそれでいい。

自分以外のカッパを探すカッパ

自分を見失いそうになったときに
来てくれるワシ

がんばる人にプリンをくれるイヌ

悲しみで沈んで
周りが真っ暗になっていくとき
明かりを灯《とも》してくれる存在に気づく。

column

夏

笑顔は太陽

花火のついでにわたしのことも
みてほしいペンギン

クリスマスに向けての
採用面接

3

あまえんぼう

ひとりで眠れないウサギたち

1匹おんぶしようとしたらみんな来ちゃう。

たのしそうで羨《うらや》ましいので
お盆がすぎたら泳ぎだすクラゲ

ぎゅーしてほしいウシに
ぎゅーしてあげたいモモンガたち

なでなでされたくて
箱の中身はなんだろなクイズの
箱の中身になるウサギ

かわいいと思われたいので
毎朝チークを塗るオカメインコ

だれだってあまえたいときもある。

「忘れないで」なんて言わないから
どうか明日だけでもさみしく思って。

なでなでされたいので
目覚まし時計の上でスタンバイしていたウサギ

人が来てくれたことへの喜びを
おさえきれない招きネコ

だいすきなクマが来たので
少し赤の時間を長くしてしまう信号機

すきと言われたいペンギン

お支払いはなでなでになります。

2なでなで
です

1本ください

なでなで　なでなで

穴があいたけど捨てられたくない靴下

なでなでしてほしいのでテストで100点を
とろうとがんばったけどとれなかったウサギ

なでなでしてほしいことを
流れ星にお願いしたウサギ

きみが言葉をかけてくれた。
お布団みたいにあたたかで優しかった。

食べられる前に愛を確認するアイス

家がみつかったけどおまわりさんになついて
離れるのがさみしくなった迷子の子ネコ

わたがしが無くなってしまった女の子を
喜ばせたくてわたがしのフリをするくも

お互いにだいすきなネコとサカナ

さみしいとしんじゃうという迷信を利用して
少しでもそばにいてもらおうとするウサギ

せめて夢で会いたくて
眠る前に写真を目に焼き付けるペンギン

シロクマに食べてもらいたくて渋滞する
回転寿司のお寿司たち

優しいオバケと
こわがりなヒヨコ

夏が終わっても
まだそばにいたい扇風機

column

秋

「やあ、久しぶりに会えたね」
「おめかししないと
会いに来てくれないだけじゃない」

どんぐりがお池にはまらないように
見張るシロクマ

よい子リスト作成のための調査

4

見方をかえれば

今はダメにみえても
いつか大きな花が咲くかもしれないよ。

これからも会える。
でも今のきみにはもう2度と会えない。

痛みがわかるから助けられる。

どうしたらいいかわからなくなって
前に進めなくなったら
なんにも考えないで時の流れに身をまかせたら
いい方向に転がるかも。

サルも木から落ちるけど
それが失敗とは限らない。

わたしの「つらい」と
あの子の「つらい」を比べない。
寄り添うこと。

いつか悲しみが
壁を乗り越える力になるときが来るかもしれない。

優しい想いはいつの日か
だれかのもとでそっと花咲く。

明日が嫌だと泣かないで。
今日よりいいこと
待ってるかもしれないよ。

当たり前が今日も当たり前でいてくれる。
ありがとう。幸せよ。

幸せを決めつけないこと。
目標は大切。夢を叶《かな》えることもいい。
でもその道からはずれてしまったとき
不幸かと言えばそうじゃない。
登る途中にみえた新たな景色に
幸せをみつけるかもしれないよ。

いつか来る悲しみに
おびえている暇はない。
せっかくの今。

なにが次につながる力になるのかは
きっとだれにもわからない。

今のうちにいっぱい失敗してね。
強くなるよ。学べるよ。

狭い世界に生きて
狭い世界でしんでいくな。
空はもっともっと広いんだ。
もっともっと飛べるんだ。

かみさまにお願いするなら
「幸せの方向に導いてください」。
成功がなにかを決めつけてお願いするのはもったいない。
なにが幸せにつながるのかなんてわからないから。

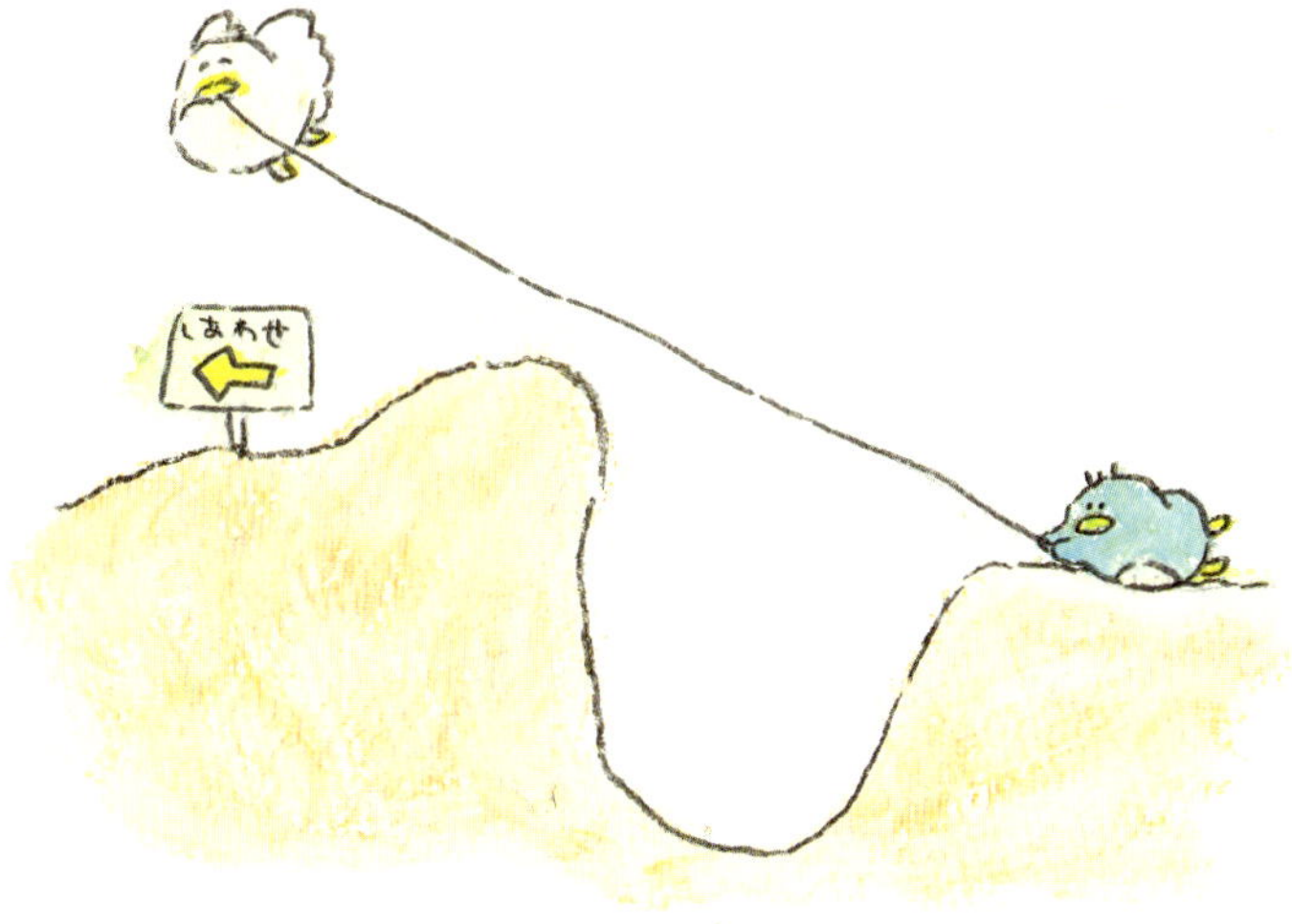

人生、越えなきゃならない山がそびえ立っていることがある。
でも、越えられなくて暗いトンネルに迷い込むことだってある。
いつ出られるのかわからなくても
いつかは明るい出口にたどり着くさ。
暗やみを知っている人は明るい世界を
きっと大切にできるでしょうね。

だれかのみる世界に
あわせなくてもいい。
ぼくのもきみのも
どちらも素敵でどちらも大切。

幸せのハードル、低けりゃどんどん道は広がる。
どんどん幸せに出会う。

言葉や行いは返ってくる。
悪いことも。いいことも。

心しだいで
どちらもできる。
はじいてしまうことも。
受け止めてあげることも。

案外ちかくにある幸せに
気づいていないだけだったりする。

がんばっていれば自信がついてくる。
結果がついてくる。

勉強がわかることは大事。
人の気持ちがわかることはもっと大事。

column

冬

クリスマスまで続く残業生活

配達当日に向けてのミーティング

今向かっています

最近は保護者の協力が必要

たまにお茶もいただく

お疲れさま会

おわりに

毎日がんばっていても、
うまくいかなくて、悲しんで
笑顔がなくなっていたとき
優しさに助けられたことがありました。

その優しさが
あまりにもあたたかくて、
「悲しい出来事もあってよかったのかもしれない」
とさえ思いました。

わたしの今の考え方も、絵に込める想いも、
すべて今までの出来事があったからこそ。
わたしに優しさをくれた人たちがいたからこそ。

そしてこの本を読んでくださったあなたにも
ありがとうでいっぱいなのです。
大好きなあなたに優しい出来事がありますように。

太陽だって沈むのだから
わたしたちだって
落ち込んで沈む日があってもいいんだよ。
またのぼれるさ。

デザイン
石松あや（しまりすデザインセンター）

校正
玄冬書林

編集
安田 遥（ワニブックス）

優しい人には
優しい出来事がありますように。

著者
もくもくちゃん

2017年12月24日 初版発行
2018年 2 月 1 日 2版発行

発行者
横内正昭

編集人
青柳有紀

発行所
株式会社ワニブックス
〒150-8482　東京都渋谷区恵比寿 4-4-9　えびす大黒ビル
電話　03-5449-2711（代表）
　　　03-5449-2716（編集部）
ワニブックスHP　http://www.wani.co.jp/
WANI BOOKOUT　http://www.wanibookout.com/

印刷所
株式会社 美松堂

製本所
ナショナル製本

定価はカバーに表示してあります。
落丁本・乱丁本は小社管理部宛にお送りください。送料は小社負担にてお取替えいたします。
ただし、古書店等で購入したものに関してはお取替えできません。
本書の一部、または全部を無断で複写・複製・転載・公衆送信することは法律で認められた
範囲を除いて禁じられています。
© もくもくちゃん 2017
ISBN 978-4-8470-9631-0

mokmokchan

hitsuji

hiyoko

donkankun
to
kataomoichan

inu

santa to tonakai

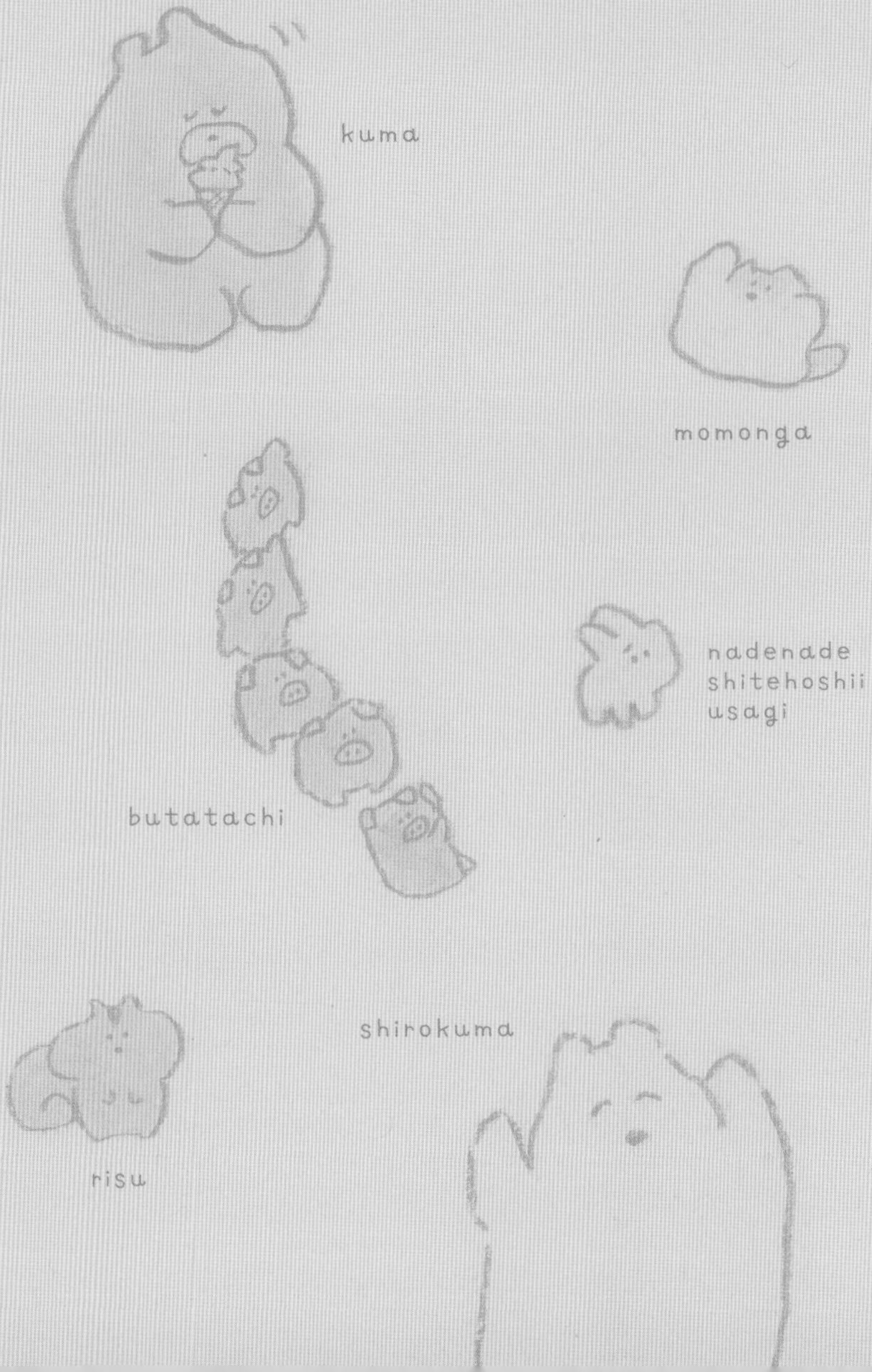
kuma
momonga
nadenade
shitehoshii
usagi
butatachi
shirokuma
risu

azarashi